IÇAMI TIBA

100 FRASES

INTEGRARE
EDITORA

Copyright © 2015 Içami Tiba.
Copyright © 2015 Integrare Editora e Livraria Ltda.

Publisher
Luciana M. Tiba

Editor
André Luiz M. Tiba

Capa
Qpix – estúdio de criação – Renato Sievers

Projeto Gráfico de Miolo e Diagramação
Deborah Mattos

Revisão
André Luiz M. Tiba
Márcia Lígia Guidin

Dados Internacionais de Catalogação na Publicação (CIP)
Angélica Ilacqua CRB-8/7057

Tiba, Içami
100 Frases de Içami Tiba / Içami Tiba ; organizado por André Luiz Martins Tiba. -- São Paulo : Integrare Editora, 2015.
144 p. : il.

Bibliografia
ISBN 978-85-8211-073-7

1. Educação 2. Disciplina 3. Pais e filhos 4. Jovens 5. Psicologia 6. Educação de crianças I. Título II. Tiba, André Luiz Martins

15-1159   CDD 808.882

Índices para catálogo sistemático:

1. Citações e máximas

Todos os direitos reservados à INTEGRARE EDITORA E LIVRARIA LTDA.
Rua Tabapuã, 1.123, 7º andar, cj. 71/74
CEP 04533-014 - São Paulo - SP - Brasil
Tel. (55) (11) 3562-8590
Visite nosso site: www.integrareeditora.com.br

AGRADECIMENTOS

Este livro só pode ser concebido graças ao apoio de vocês, leitores.

Assim, queria agradecer a todos os leitores... professores, educadores, ouvintes, telespectadores, pacientes, pais e mães, que sempre acompanharam a trajetória do nosso mestre Içami Tiba.

Agradeço, ainda, a toda a equipe de produção editorial: Luciana M. Tiba, Julio Quattrucci, Renata Campos, Deborah Mattos, Márcia Lígia Guidin, Tato Sievers e todos os outros que trabalham e trabalharam na Integrare Editora.

Não posso deixar de agradecer a todos os amigos do meu pai, colegas da FMUSP e aos "Chapas", que sempre estiveram presentes em nossas vidas, em todos os momentos.

À minha irmã Tiça, sobrinhos Eduardo e Ricardo e, especialmente, a minha mãe, Maria Natércia, esposa incansável, que sempre cuidou de tudo e criou o ambiente ideal para que meu pai pudesse ter inspiração e tranquilidade para se dedicar à sua missão de educador.

Enfim... MUITO OBRIGADO!

André Luiz Martins Tiba

PREFÁCIO

Tiba-san

Os japoneses, como sabemos, são um povo solene e respeitoso no trato com as pessoas. Falar baixo, inclinar a cabeça e entregar o cartão de visitas com as duas mãos estão entre as principais recomendações para quem viaja, pela primeira vez, ao País do Sol Nascente.

Outra recomendação importante é que se acrescente o sufixo "san" ao nome próprio de alguém em sinal de respeito, e isso acontece principalmente quando você não tem intimidade com a pessoa, ou quando quer demonstrar reverência pela posição ou autoridade que ela representa.

Pelos amigos, o nissei Içami Tiba, nascido em Tapiraí, interior de São Paulo, há 74 anos, sempre foi chamado pelo seu personalíssimo sobrenome. Para nós, que tivemos o privilégio de conviver com esse homem especial, o doutor Içami Tiba era, simples e carinhosamente, o Tiba. "Liga pro Tiba"; "pergunta ao Tiba"; "chama o Tiba" eram frases extremamente comuns. Atualmente falamos "saudades do Tiba"...

Mas havia as ocasiões em que não conseguíamos esconder aquele clássico respeito oriental – e então o chamávamos de

Tiba-san. Isso acontecia quando, no meio de uma conversa, em geral despretensiosa – um simples papo entre amigos – ele soltava uma de suas pérolas. Uma daquelas frases que fazem pensar. Que sintetizam e simplificam um pensamento complexo. Que têm destino certo no momento apropriado.

E agora, muitas delas estão nesta coletânea preparada por sua família como um resumo do legado desse grande psiquiatra, educador, escritor e comunicador brasileiro.

Conheci pessoalmente Içami Tiba em uma viagem de avião entre Salvador e São Paulo no início da década passada. Um atendente do balcão de check-in, provavelmente chamado "Acaso da Silva", nos colocou lado a lado na classe executiva (que havia na época mesmo em voos domésticos), porque ambos éramos passageiros frequentes e recebíamos esse *upgrade* como deferência pela fidelidade. Mal sabia ele o tamanho do *upgrade* que estava me dando naquele dia.

Decolamos na capital baiana como estranhos e pousamos em Congonhas como amigos de infância. Foi amizade à primeira vista. Normalmente monótonas, as duas horas e meia de viagem nunca passaram tão rápido.

Quando ousei me dirigir a ele dizendo-me seu admirador, recebi como resposta um sorriso largo e demorado e a informação que ele também me conhecia por artigos e por amigos comuns; e que também era meu admirador. Sabe aqueles momentos que valem o dia? Ou a semana? Pois aquele foi um deles.

O avião ainda taxiava na pista e já tínhamos intimidade para brincar. "Sempre tenho medo quando o avião decola", comentei. "Pois eu tenho medo é de que ele não decole", respondeu rápido o japonês. E emendou: "Ele foi feito para decolar. Se não decola, não está obedecendo à sua natureza e, nesse caso, a culpa não é dele, e sim de alguém que não fez o seu trabalho".

Essa frase, que seria banal para qualquer outra pessoa, numa conversa despretensiosa, transformou-se, com o Tiba, em uma discussão filosófica sobre a natureza das coisas e das pessoas.

De aviões, rapidamente passamos às crianças. "As crianças têm duas qualidades em sua natureza que permitem que elas se tornem adultos e também voem: amar e aprender", me explicou. "Mas essa natureza infantil só se realiza se tiver o estímulo dos pais, através de ações e exemplos. Para a criança, a educação serão as suas turbinas", completou.

A partir daquele momento, eu tive vontade de me calar, colocar-me na posição de aprendiz atento, um pequeno gafanhoto devorador de experiências de um mestre, absorvendo apenas o que ele dizia daquela forma peculiar, de falar sério brincando. É claro que ele não permitiu. Queria conhecer minhas ideias também. Ouvia atento e as validava.

Nossos pensamentos combinavam quase que inteiramente. Afinal, ambos éramos médicos e ambos éramos apaixonados pelo tema da educação. Tínhamos visões convergentes sobre a influência da genética na aprendizagem, sobre as fases da evolução biológica – de que Piaget também falava – e, principalmente, sobre o efeito espetacular que uma educação séria e amorosa exerce sobre uma criança, um jovem e mesmo sobre um adulto.

Quando lançou seu livro mais famoso, *Quem Ama, Educa!*, Tiba-san estabeleceu, já no título, a forte relação que há entre afeto e aprendizado, entre paternidade e responsabilidade, entre emoção e razão e, claro, entre amor e educação.

Mesmo tendo eu sido professor por, pelo menos, quatro décadas, foi o Tiba que me fez perceber, em uma de nossas conversas, que não é possível ser bom professor sem amar a matéria que se ensina, amar a sala de aula, amar ensinar. "O aluno percebe muito rápido se você não tem amor pelo que ensina", sintetizou. "Como é que ele vai aprender a amar o conhecimento que você não ama?", perguntou uma vez.

Esse é o Tiba de quem sentimos tanta falta. Ele nos ensinava com suas afirmações, mas também com suas perguntas.

Como admirador de Içami Tiba, conheço muitos de seus conceitos sobre os temas de educação, família e *performance* humana. E o admiro por isso. Mas, como seu amigo, conheço outro lado, o do bom humor. Por isso, aprendi a gostar dele ainda mais.

Em uma conversa com o Tiba, você tinha que estar atento às suas pegadinhas linguísticas. Nem sempre o que ele dizia é o que ele queria que você entendesse. Atenção e inteligência interpretativa eram condições essenciais para a convivência com ele. Se ele dissesse que estava com "cócegas no sangue", é porque estava empolgado com alguma coisa, uma ideia, um projeto.

Quando, certa vez, me disse que precisava de "uma dose de endorfina", fiquei em dúvida se ele estava necessitando de uma taça de vinho, de uma conversa amiga ou de um projeto novo. Quem sabe queria as três coisas.

Ás vezes ele dizia o óbvio, porque percebia que o homem moderno, hiperinformado, ao tentar (a todo custo) intelectualizar sua observação do mundo e suas relações, desdenhava e esquecia-se do óbvio, do fundamental.

Em um almoço de inverno em sua chácara em Cotia – seu lugar predileto no mundo, onde frequentemente se isolava para escrever –, conversávamos sobre o dia, e eu comentei: "Que pena que é um domingo sem sol".

Nesse momento, ele desviou os olhos do tanque de carpas, olhou lentamente para cima e disse com calma: "Claro que tem sol. Só que ele está atrás das nuvens". Óbvio, pensei. Quando me olhou novamente, emendou: "Não deixe que as nuvens deixem seu cristalino opaco. São nuvens, não cataratas". Assim, precisei associar oftalmologia, psicologia e filosofia para entender sua mensagem. Como esquecer?

Tiba era capaz de escrever sobre liberdade e disciplina (*Disciplina, limite na medida certa*), chamando nossa atenção para a importância desses dois valores, especialmente quanto à educação das crianças, mas também da condução de nossa vida adulta.

Para tanto, valia-se da mesma naturalidade com que analisava as diferenças entre homens e mulheres (*Homem cobra, mulher polvo*). As diferenças, as nuances e as linhas limítrofes eram temas que lhe interessavam. Que lhe faziam cócegas no sangue.

Era intransigente com confusões que as pessoas fazem com frequência e que prejudicam enormemente suas vidas. Insistia em que não devemos confundir liberdade com libertinagem, autoridade com autoritarismo, dar afeto com sufocar, repreensão com repressão. Entender as diferenças entre essas posturas e aplicá-las adequadamente – desenvolvendo algumas, livrando-se de outras – estava na base de sua terapia extremamente libertadora pela simplicidade.

Dizia acertadamente que o comportamento do jovem na sociedade vai reproduzir o comportamento que teve em casa quando criança. Por isso insistia: *Quem Ama, Educa!* – mas não mima. Crianças mimadas em excesso, poupadas dos pequenos sofrimentos do cotidiano e das responsabilidades crescentes, tornam-se adultos "folgados", que esperam do mundo mais do que estão dispostas a dar a ele. Ou seja, Tiba não queria cidadãos com grande tendência ao fracasso e à falta de ética. "Nutrir, sim, hipersaciar, jamais". OK, mestre.

Diferenças entre homens e mulheres? Bem, as principais não estão nas formas, estão nas gônadas, nos hormônios sexuais, que condicionam o pensar, o sentir e o agir. Mas em um mundo em que se fala de igualdade, de feminismo, Tiba era radical. Respeito ao máximo, igualdade de oportunidades sempre presentes para os gêneros. Enquanto que, sexismo e assédio, estes sempre são atos de covardia e injustiça. E quanto às diferenças, que bom que elas existem, dizia ele. Devem ser aceitas e até cultuadas, pois é exatamente delas que nasce a diversidade, e a própria vida.

Um exemplo? "Se Adriana, Silvana, Débora e Luciana vão almoçar juntas, elas chamarão umas às outras de Dri, Sil, Dé e Lu. Se Leandro, Carlos, Roberto e João saem juntos, vão se chamar de Gordo, Cabeção, Rato e Negão. Entendeu ou quer que explique?" Sua pedagogia era assim, clara e ancorada no cotidiano, transmitida com exemplos e extremo bom humor.

O mestre Tiba-san gostava mesmo é de ser chamado de aprendiz. E não por modéstia ou autodepreciação, longe disso. É que ele estabelecia uma profundíssima conexão entre a capacidade de continuar aprendendo e a competência para ensinar. "Quem parou de aprender não tem mais autoridade para ensinar", teorizava.

"Todo ser humano é um educador em potencial, pois já nasce aprendiz. Se ninguém lhe ensina nada, aprenderá com as próprias experiências", dizia ele, alertando para o fato de que todos nós (mas principalmente as crianças) aprendemos muito com o ambiente em que vivemos – através da interação com as atitudes das pessoas e com os valores predominantes. Aprender é próprio da espécie humana, e a função dos pais e dos educadores é a de direcionar esse fantástico potencial para que ele não seja desperdiçado.

Especialista em jogos de palavras, dizia que há pessoas que dão "passos além", enquanto outras apenas "marcam passo". A oposição é autoexplicativa.

Seu legado intelectual, explícito nos mais de trinta livros que escreveu, é imenso, mas ouso dizer que não faz justiça ao homem, pai e amigo que ele foi.

Esta coletânea de frases e pensamentos é o mosaico de um cérebro privilegiado, fértil, responsável e feliz. Mostra a diversidade de seu pensamento, a profundidade de sua visão e a simplicidade de sua interpretação.

Você tem em mãos mais de cinquenta anos de estudo, vivência e dedicação profissional representados por frases precisas e simples. Aproveite. E aprofunde-se nas ideias de Içami Tiba, um dos mais importantes pensadores da psicologia educacional de nosso tempo.

Eugenio Mussak
Médico, professor e escritor

APRESENTAÇÃO

Uma das lembranças marcantes que tenho de meu pai era sua sabedoria. Não uma sabedoria decorrente de conhecimentos acadêmicos, mas, sim, decorrente de uma vida dedicada a cuidar de pessoas. Sempre tinha uma resposta, engraçada ou não, para as situações da vida.

Ele possuía uma maneira peculiar de brincar com as palavras. Fazia piadas e trocadilhos em toda e qualquer situação. Fosse numa palestra, falando para 5.000 pessoas, fosse conversando com o frentista enquanto abastecia o carro. Muitos de seus trocadilhos, porém, não eram prontamente entendidos.

Para entender o que se passava na mente de meu pai, era necessária uma simplicidade de raciocínio que nós, que vivemos na era digital, já perdemos. Era engraçado como as pessoas tentavam entender "algo mais" em uma simples frase, como se cada piada ou trocadilho contivesse uma lição de moral ou mensagem oculta. E geralmente tinha. Ele, por sua vez, se divertia com isso. Assim, a elaboração dessas piadas, trocadilhos, respostas ou comentários, acabava mesmo se transformando em um valioso ensinamento.

Este livro nasce dessa ideia.

É uma leitura leve, agradável e um conteúdo excepcional. Trata-se de uma seleção de 100 das melhores frases do educador Içami Tiba, que abordam temas como escola, educação, ética, relacionamentos, pais e filhos, entre outros.

De uma forma única, clara e direta, esta coletânea transmite os ensinamentos através de suas clássicas e tão bem aplicadas frases, fazendo o leitor refletir sobre as mais diversas situações do dia a dia na vida de cada um. São frases intemporais, retiradas aleatoriamente de seus diversos livros, palestras, workshops e entrevistas; e podem ser lidas independentemente de sequência ou cronologia.

Esta obra é um presente, tão cuidada em elegante edição; mas é também uma ferramenta indispensável a qualquer um que deseja adquirir (ou relembrar) os conhecimentos do nosso renomado *sensei*!

Afinal de contas: Quem Ama, Educa! E como disse o mestre Tiba, em seu último livro:
Quem ouve esquece.
Quem vê imita.
Quem justifica não faz.
Quem faz aprende.
Quem aprende produz.
Quem produz inova.
Quem inova sustenta...
...e quem sustenta é feliz!

Boa leitura!

André Luiz Martins Tiba
Editor

PORTAS

Se você encontrar uma porta à sua frente, pode abri-la ou não.
Se você abrir a porta, pode ou não entrar em uma nova sala.
Para entrar, você vai ter de vencer a dúvida, o titubeio ou o medo.
Se você venceu, dá um grande passo: nesta sala, vive-se.
Mas tem um preço: inúmeras outras portas que você descobre.

O grande segredo é saber: quando e qual porta deve ser aberta.

A VIDA NÃO É RIGOROSA: ela propicia erros e acertos.
Os erros podem ser transformados em acertos quando com eles se aprende.
Não existe a segurança do acerto eterno.

A VIDA É HUMILDADE: se a vida já comprovou o que é ruim, para que insistir?
A humildade dá a sabedoria de aprender e crescer também com os erros alheios.
A VIDA É GENEROSA: a cada sala em que se vive, descobrem-se outras tantas portas.
A vida enriquece quem se arrisca a abrir novas portas. Ela privilegia quem descobre seus segredos e generosamente oferece afortunadas portas.

MAS A VIDA PODE SER TAMBÉM DURA E SEVERA:
não ultrapassando a porta,
você terá sempre essa mesma porta
pela frente.

É a cinzenta monotonia perante o arco-íris.
É a repetição perante a criação.
É a estagnação da vida.
Para a vida, as portas não são obstáculos, mas diferentes passagens...

Quem Ama, Educa!

No milênio passado, era rico quem tinha propriedades.
Hoje, a riqueza está em adquirir conhecimentos e saber aplicá-los...

É importante que tenhamos consciência disso tudo e procuremos, por meio de ações e palavras, transmitir às crianças e aos jovens o valor do estudo para eles mesmos e para a sociedade.

APRENDER É ALIMENTAR A ALMA DE SABER.

ESTUDAR E COMER NÃO SÃO CAPRICHOS, MAS OBRIGAÇÕES.

A comida alimenta a saúde física, e o estudo alimenta a saúde social.

SE VOCÊ QUER O **MELHOR** DAS PESSOAS, DÊ O MÁXIMO DE SI!

NÃO DESANIME COM O FRACASSO,

supere-se transformando-o em aprendizado.

Cada vez que algumas mães arrumam a bagunça dos filhos - se eles já têm condições de fazê-lo -, estão postergando o seu amadurecimento. Se crescerem com tais hábitos poderão achar que é função de mulher arrumar a casa, perpetuando o machismo. Essa gentil poupança aos filhos em vez de ajudá-los, prejudica-os já em casa e futuramente na sociedade.

A VIDA É UM PROCESSO DINÂMICO. AS OPORTUNIDADES SERVEM PARA QUEM ESTIVER PREPARADO A AGARRÁ-LAS.

O MEDO DE ERRAR PODE PARALISAR O ELEFANTE. NÃO HÁ PAIS QUE QUEIRAM ERRAR COM OS FILHOS, PELO CONTRÁRIO. POR MEDO DE ERRAR É QUE ACABAM ERRANDO, POIS NÃO ESTABELECEM LIMITES.

O QUE EDUCA SÃO AS CONSEQUÊNCIAS, A TRANSFORMAÇÃO DO ERRO EM APRENDIZADO.

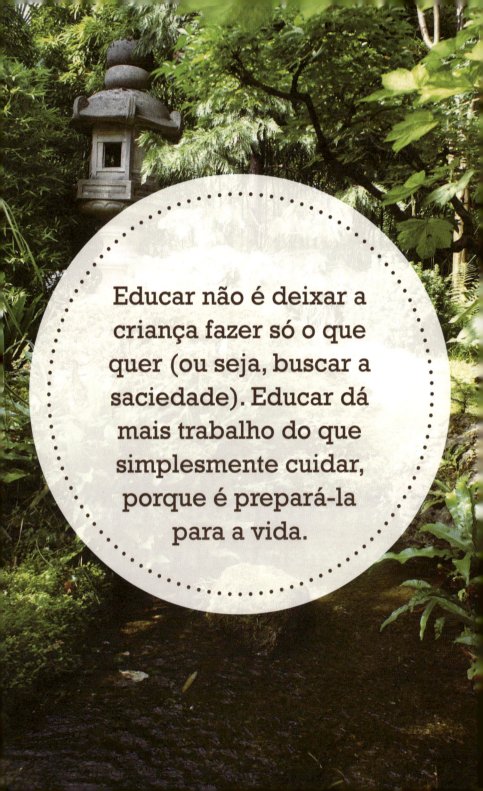

Educar não é deixar a criança fazer só o que quer (ou seja, buscar a saciedade). Educar dá mais trabalho do que simplesmente cuidar, porque é prepará-la para a vida.

"

É triste ser velho em nossa cultura. Fica-se mais exposto à solidão, que não é natural no ser humano. E há um enfraquecimento generalizado do corpo e da energia vital. O que alivia o sofrimento é a sensação de ainda ser útil e, em especial, ser amado e acolhido por seus descendentes. Portanto, outra vez, a força relacional suaviza as dores de uma etapa da vida.

Não estrague um programa diferente com seu mau humor, descubra a alegria da novidade!

Sou um progressista otimista. Acredito que podemos ter uma sociedade melhor, desde que eduquemos nossos filhos para cuidarem bem do que estamos lhes deixando.

A FORÇA DOS PAIS ESTÁ, TAMBÉM, EM TRANSMITIR AOS FILHOS A DIFERENÇA ENTRE O QUE É ACEITÁVEL OU NÃO, ADEQUADO OU NÃO, ENTRE O QUE É ESSENCIAL E SUPÉRFLUO, E ASSIM POR DIANTE. CUIDADO COM O QUE PASSA AOS SEUS FILHOS!

Não existe a segurança do ACERTO ETERNO.

Não se ganham competições sem preparo, tampouco se fazem campeões sem competência. A maior liberdade do ser humano é a **liberdade de escolha**, mas sua maior qualidade é a **disciplina** para realizá-las.

FELICIDADE NÃO É FAZER TUDO O QUE SE TEM VONTADE DE FAZER,

mas ficar feliz com o que está fazendo.

Em uma brincadeira, deixar que o filho vença sempre é também uma forma de evitar a frustração. Os pais podem ter dificuldade em ver o filho frustrado, sofrer com isso, ou podem não saber lidar com a reação que o filho costuma ter diante das frustrações. Além

DE DISTORCER A REALIDADE, OS PAIS ESTÃO PERDENDO UMA IMPORTANTE OPORTUNIDADE DE TRABALHAR COM OS FILHOS UMA QUESTÃO FUNDAMENTAL PARA SEU DESENVOLVIMENTO: A RESILIÊNCIA, QUE É A CAPACIDADE DE LIDAR COM AS FRUSTRAÇÕES SEM SE DESESTRUTURAR PSICOLOGICAMENTE.

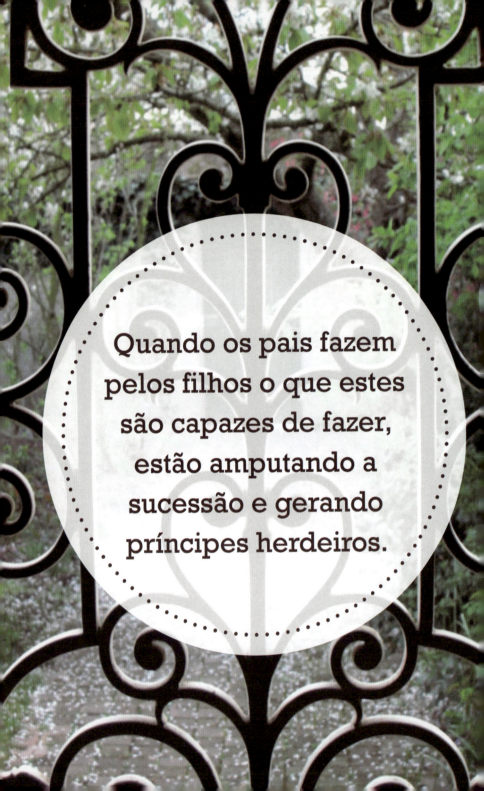

Quando os pais fazem pelos filhos o que estes são capazes de fazer, estão amputando a sucessão e gerando príncipes herdeiros.

Autoestima é alicerce **essencial** para a vitória, para o sucesso e para a **felicidade.**

Embaixo de um **folgado** tem sempre um **sufocado.**

A felicidade é saber usufruir muito bem o que **SE TEM**, sem ficar sofrendo pelo que **NÃO SE TEM**.

Atenção com as etapas de crescimento do seu filho! Quando a cobrança é maior do que a **capacidade**, quando se pede ao filho mais do que ele pode oferecer, os pais podem acabar atingindo a sua autoestima, pois o filho sente que não é capaz de satisfazer os pais, que não é "suficientemente bom" para eles.

OS DELINQUENTES SOCIAIS NADA MAIS SÃO QUE OS FOLGADOS FAMILIARES QUE PRATICAM NA SOCIEDADE OS ABUSOS QUE JÁ FAZIAM EM CASA.

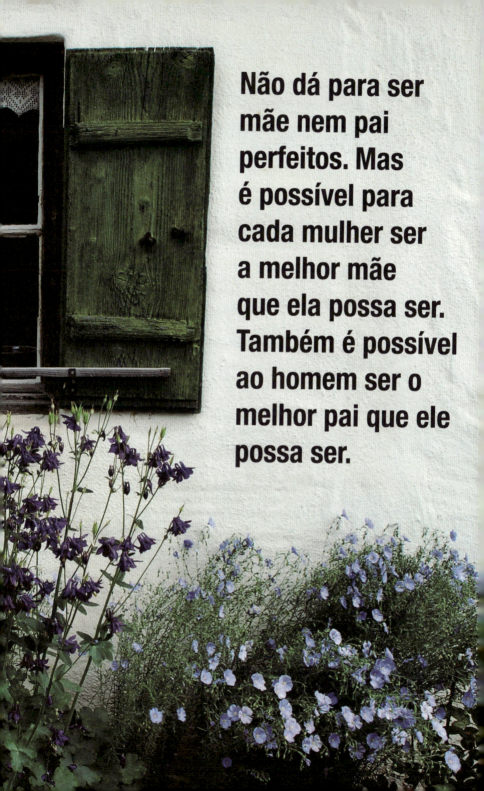

A MAIOR ALEGRIA DO PAI ERA VER O FILHO CONTENTE. SEU MAIOR SOFRIMENTO, TER DE DIZER NÃO AO FILHO. **ELE ERA UM "ESCRAVO DO SIM".**

CASTIGOS não EDUCAM.

Mesmo nascidos do mesmo pai e da mesma mãe, os filhos nunca são iguais; além das diferenças genéticas, físicas e cromossômicas, a disponibilidade do casal

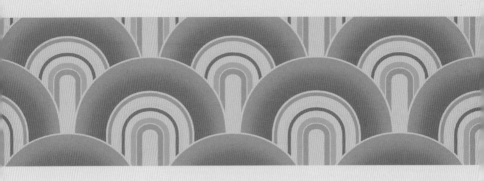

e a disposição da família são diferentes conforme a idade e as etapas de vida. Cada um dos filhos deve ser tratado como se fosse único.

Os pais podem achar que o lugar mais seguro para os filhos é junto deles, mas os filhos não nasceram para isso, e sim para singrar os mares da vida...

A busca da felicidade, que inclui a liberdade, ética e responsabilidade, é uma característica exclusiva do ser humano. A felicidade é um bem-estar biopsicossocial, uma satisfação da alma.

O que um filho aprende de verdade **NA FAMÍLIA** transforma-se em valores que qualificam o **BEM VIVER.**

AGRADEÇA SEMPRE!

A GRATIDÃO ABRE AS PORTAS DO CORAÇÃO!

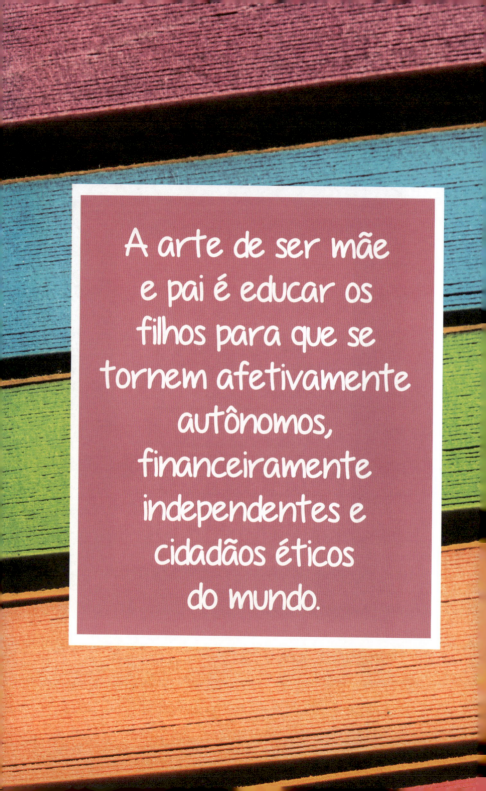
A arte de ser mãe e pai é educar os filhos para que se tornem afetivamente autônomos, financeiramente independentes e cidadãos éticos do mundo.

LIMITE:

cabe aos

pais

ensinar!

O FILHO TORNA-SE UM FOLGADO PORQUE DEIXOU DE FAZER O QUE É CAPAZ DE EXECUTAR, E A MÃE TORNA-SE SUFOCADA PORQUE SENTE QUE PRECISA, ALÉM DE MUITAS OUTRAS ATIVIDADES SUAS, DAR CONTA DE TAREFAS QUE NÃO LHE CABEM MAIS. O MAIS CURIOSO NESSE MECANISMO DO SUFOCO MATERNO É que, enquanto os filhos são pequenos, a mulher não percebe quanto está sendo "sufocada". De fato, ela não se sente sobrecarregada e atende aos pedidos das crianças com a maior tranquilidade. Porém, à medida que eles crescem, tantas atribuições acabam se transformando em um fardo pesado.

OS PAIS DEVEM TER EM MENTE QUE MUITOS FILHOS APRENDEM A SE RELACIONAR COM OS EXEMPLOS QUE TÊM EM CASA E COM O TIPO DE RELACIONAMENTO QUE OS PAIS ESTABELECEM COM ELES.

Equilíbrio significa integrar a sua origem familiar ao seu **PRESENTE** e traçar uma perspectiva de **FUTURO**..

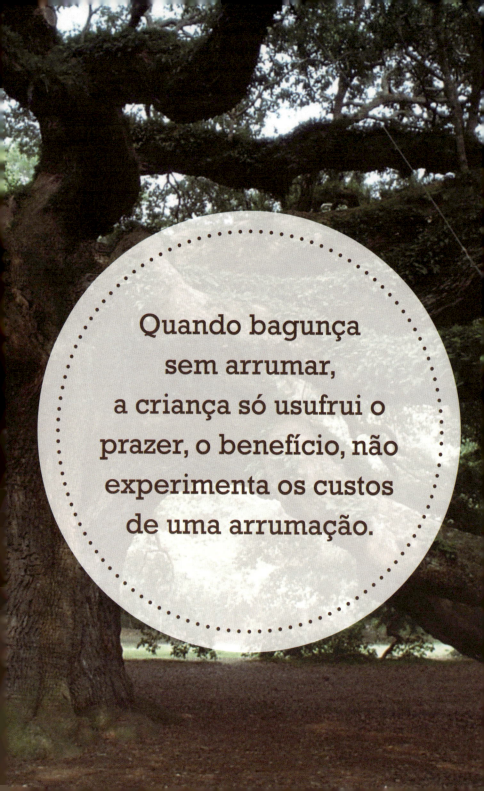

Quando bagunça sem arrumar, a criança só usufrui o prazer, o benefício, não experimenta os custos de uma arrumação.

Não existe vida sem **problemas**, *a felicidade* está na capacidade de resolvê-los.

> Os filhos não devem ser colocados como culpados, responsáveis ou participantes da separação conjugal, muito menos como mantenedores do casal.

Em uma separação, o melhor é transmitir aos filhos que o casal irá se desfazer, mas os vínculos de pai e mãe serão preservados o máximo possível.

Criando tiranos: nenhuma
família pode ser regida
por crianças. Elas não têm
a competência necessária,
acabam submetendo
os pais e avós às suas
próprias vontades e
desejos, que, por natureza,
não têm limites.

O atendimento diário da criança custa muito pouco. O não atendimento acumulado causa uma falência na estrutura da personalidade que, futuramente, pode custar muito caro.

A CIDADANIA é construída desde o nascimento. Seu primeiro estágio é a cidadania familiar. O que vem a seguir é a cidadania escolar. Pais e professores que aceitam ser maltratados pelos alunos estão dando as primeiras lições

DE COMO PROCEDEREM COM AS REGRAS E AUTORIDADES SOCIAIS. QUANDO ALUNOS OFENDEM SEUS PROFESSORES NÃO É SÓ A PESSOA DO PROFESSOR QUE ESTÁ SENDO ATINGIDA, MAS TAMBÉM O ESTÃO SENDO A ESCOLA E A EDUCAÇÃO.

Felicidade não se dá, não se vende, não se herda. É a própria pessoa que precisa construir dentro de si a sua competência para ser feliz!

UM PAÍS QUE NÃO CUIDA DA **EDUCAÇÃO** DE SEU POVO ESTÁ CONDENANDO SEU **FUTURO.**

Quando a criança cair no chão, os adultos não precisam sair correndo, desesperados para socorrê-la, a menos que se machuque...

É importante avaliar o que aconteceu de fato. Por estranhar a situação, a criança pode chorar sem nem mesmo estar sentindo dor. Use o método pare, escute, olhe, pense e aja!

Errar é humano.
Persistir no erro é...
estar envolvido!
Pessoas envolvidas
continuam errando,
porque têm sempre
as mesmas percepções,
esperam que o outro
reaja como gostariam
e vivem na expectativa
de que na próxima
vez será melhor.

Pais têm que ser coerentes entre si, constantes nas suas falas e consequentes nas suas ações para educarem os seus filhos.

Os filhos precisam ter os **próprios sonhos**, pois não nasceram para realizar os **sonhos dos pais.**

Os casais que só se uniram para o "tudo bem" vão se frustrar muito com qualquer problema que atinja o filho. Quanto aos demais, que se comprometeram a enfrentar a dois, o bom e o ruim, vão somar forças para superar juntos qualquer problema, como família unida.

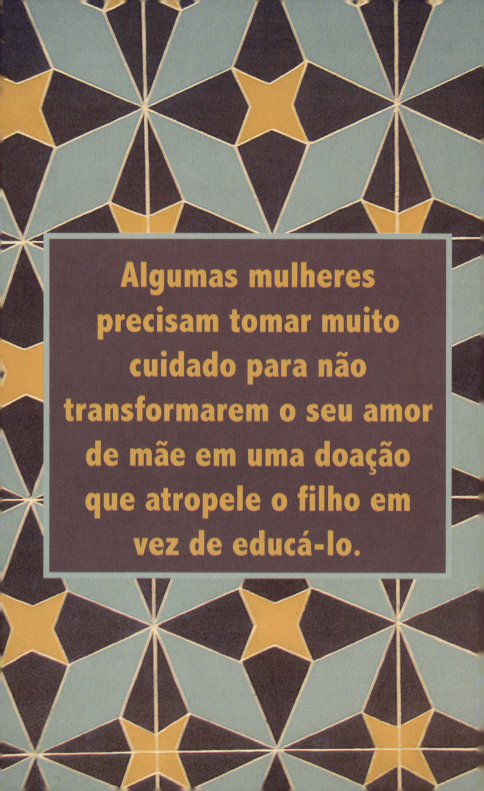

Algumas mulheres precisam tomar muito cuidado para não transformarem o seu amor de mãe em uma doação que atropele o filho em vez de educá-lo.

Quando a criança entende que errou, é interessante falar de modo curto e claro, nunca curto e grosso. Porque, ainda que a criança entenda, a grossura pode deseducar muito mais do que a clareza educa.

O presente que vai alimentar a autoestima do filho é aquele que ele sente que merece. Sem dúvida, é muito prazeroso para os pais dar presentes que agradem aos filhos. Todos ficam contentes, os pais por

DAR, OS FILHOS AO RECEBÊ-LOS. MAS O PRINCÍPIO EDUCATIVO É QUE OS FILHOS SEJAM PESSOAS FELIZES, E NÃO SIMPLESMENTE ALEGRES. A ALEGRIA É PASSAGEIRA, E A CAPACIDADE DE SER FELIZ É PARA SEMPRE!

Responsabilidade se ensina e depois de aprendida tem que ser exigida.
É no fazer que reside a responsabilidade, inerente à disciplina.

Os pais não poderiam permitir que os filhos fizessem em casa o que eles não poderão fazer na **sociedade,** principalmente falta de respeito a outras pessoas, desonestidade e piratarias, falta de disciplina, egoísmo, desperdícios...

O leite alimenta o corpo. O afeto, a alma.

• • • • • • •

Criança sem alimento fica desnutrida. Criança sem afeto entra em depressão.

NÃO BASTA SÓ amar.
É PRECISO TAMBÉM RESPEITAR.

Marido e mulher podem até separar-se, mas, se tiveram filhos, serão sempre mãe ou pai, nunca ex-mãe ou ex-pai. Há, porém, alguns ex-cônjuges que se comportam como ex-pais de seus filhos; mesmo que atinjam a maturidade profissional com grande sucesso, isso não significa que tenham atingido a maturidade familiar: podem ser "globalizados", mas estão longe de ser integrados.

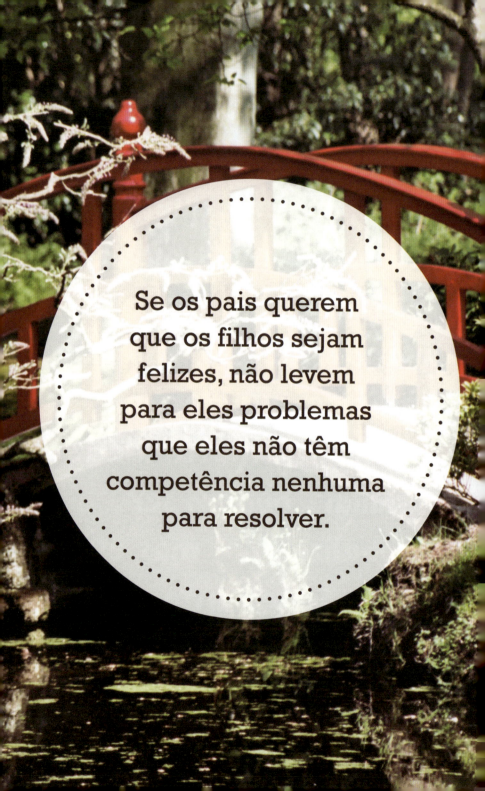

Se os pais querem que os filhos sejam felizes, não levem para eles problemas que eles não têm competência nenhuma para resolver.

É importante que
fique claro para a
criança que, mesmo
que a mãe e o pai
reprovem determinadas
atitudes dela, o amor
que sentem não está
em jogo.

Para nos inocentar dos problemas, costumamos acusar os outros. Temos de nos lembrar, porém, que, para os outros, os outros somos nós. Cidadania é ter direitos e obrigações para manter o equilíbrio da sociedade.

A felicidade não se conquista com **birras.** Ela não pode vir acompanhada de sofrimentos e **sacrifícios** de outras pessoas.

> Alguns pais preferem distorcer a realidade para manter a inadequação do filho. Para poupá-lo, jogam a culpa nos outros. Se o filho caiu, deveria ter tomado mais cuidado.

Mas não, para esse tipo de pai o chão é que estava escorregadio (o que pode até ser verdade, mas é o filho que deve ser cuidadoso e não o chão).
E assim vai...

O "SIM" só tem valor para quem conhece O "NÃO".

Ser mãe e pai não é apenas cumprir tarefas práticas,

mas também envolver-se afetiva e intensamente, pois é disso que resulta a qualidade do relacionamento.

ESTA GERAÇÃO
ESTÁ APRENDENDO
INCONSCIENTEMENTE
QUE, QUANDO APARECE
UMA DIFICULDADE DE
RELACIONAMENTO,
É HORA DE DESISTIR
E PARTIR PARA
OUTRO. O PROBLEMA

É QUE NENHUM RELACIONAMENTO SE APROFUNDA SEM DISCUSSÕES E DIFICULDADES. OS RELACIONAMENTOS NOS QUAIS NÃO HÁ NENHUM TIPO DE DESAVENÇA SÃO MAIS SUPERFICIAIS.

O sucesso e a felicidade não dependem de fazer somente o que **se gosta,** mas também de saber lidar com aquilo de que **não se gosta.**

A herança genética está nos cromossomos. Mas desde o nascimento a criança absorve o modo de viver, o "como somos" da família. Assim, ela aprende naturalmente com as pessoas que a cercam.

"

Estamos negligenciando
a educação das crianças
quando somos dirigidos
pelos desejos delas.
Quando os filhos crescem
fazendo e realizando
o que forem capazes,

desenvolvem junto a segurança e a ética. Portanto, os pais não devem fazer o que os próprios filhos são capazes de fazer.

A onipotência esconde uma mediocridade: sentir-se melhor que os outros. A sabedoria do mestre revela uma grandiosidade: o desejo de aprender com seu aprendiz.

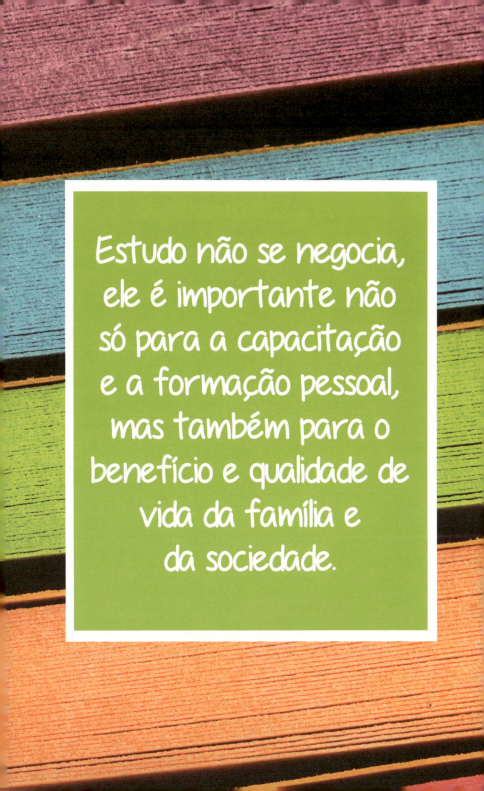

Estudo não se negocia, ele é importante não só para a capacitação e a formação pessoal, mas também para o benefício e qualidade de vida da família e da sociedade.

A LIBERDADE É RELATIVA, VARIANDO CONFORME AS PRETENSÕES, PORQUE NÃO EXISTE A LIBERDADE ABSOLUTA. QUANDO SE FAZ UMA ESCOLHA ENTRE DUAS

SITUAÇÕES, A QUE NÃO FOI ESCOLHIDA OU SE PERDE OU FICA EM SEGUNDO PLANO. LOGO, O EXERCÍCIO DA LIBERDADE JÁ ENVOLVE UMA PERDA. CUIDE DAS SUAS ESCOLHAS!

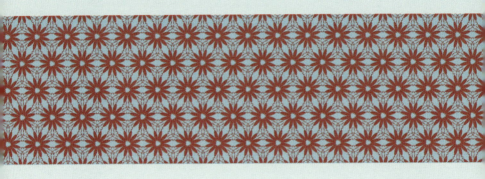

As crianças precisam ser protegidas e cobradas de acordo com suas necessidades

e capacidades, protegidas nas situações das quais não conseguem se defender, e cobradas naquilo que estão aptas a fazer.

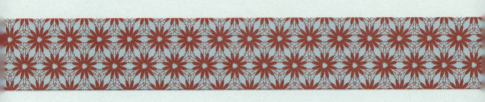

É tão problemático exigir daquele que **NÃO PODE** quanto deixar de exigir daquele que **PODE.**

Autoridade é algo natural e deve existir sem descargas de adrenalina, seja para impor, seja para submeter — pois é reconhecida espontaneamente por ambas as partes. Desse modo, o relacionamento desenvolve-se sem atropelos.

O AUTORITARISMO, AO CONTRÁRIO, É UMA IMPOSIÇÃO QUE NÃO RESPEITA AS CARACTERÍSTICAS ALHEIAS, PROVOCANDO SUBMISSÃO E MAL ESTAR TANTO NA ADRENALINA DAQUELE QUE IMPÕE QUANTO NA DEPRESSÃO DAQUELE QUE SE SUBMETE.

Uma das características
do ser humano é
a plasticidade dos
comportamentos. O ser
humano sempre pode
modificar suas atitudes
pela compreensão do que
aconteceu e pelo desejo de
mudar.

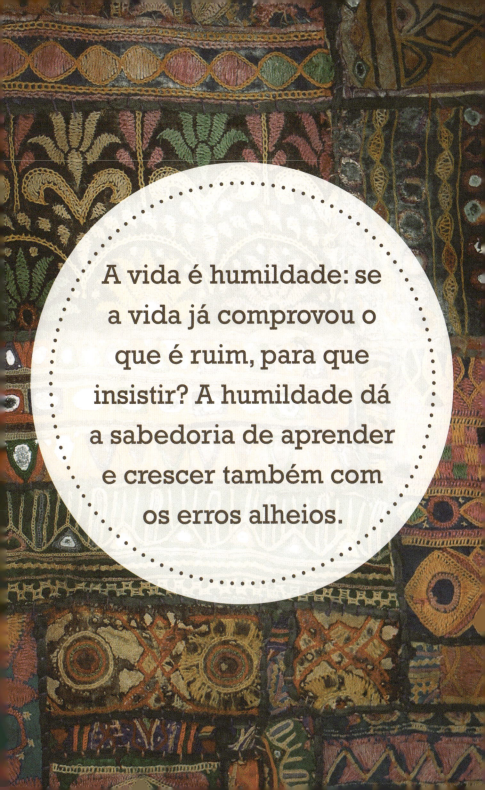

A vida é humildade: se a vida já comprovou o que é ruim, para que insistir? A humildade dá a sabedoria de aprender e crescer também com os erros alheios.

Crianças precisam sentir que pertencem a uma família. Elas carregam esse amor dentro de si para onde forem, inclusive, em seus primeiros passos na escola. A sensação de pertencer à família defende algumas delas de serem adotadas por traficantes, bandos de delinquentes ou fanáticos de qualquer espécie.

Educar é assumir consequências! Os pais têm que ensinar o filho a assumir as consequências dos seus atos. Se um filho não sabia que não podia fazer, os pais têm que ensiná-lo e já combinar as consequências. Se o filho já sabia, e assim mesmo errou, está na hora de cobrar as consequências.

É IMPORTANTE QUE OS PAIS NÃO FAÇAM DOS SEUS SONHOS UMA CAMISA-DE-FORÇA PARA OS FILHOS. PRECISAM PERMITIR QUE EXPERIMENTEM OS PRÓPRIOS CAMINHOS.

ONTEM É BASE PARA HOJE SONHARMOS COM O AMANHÃ.

Quem não tem projetos vive de recordações.

Por desejar dar aos filhos uma educação que compense a que tiveram, quase sempre uma educação liberal em contraposição à educação repressiva do passado, os

PAIS PODEM NÃO ESTABELECER LIMITES DE MANEIRA ADEQUADA. PRESTE ATENÇÃO NOS LIMITES QUE VOCÊ IMPÕE... OU NOS QUE VOCÊ DEIXA DE IMPOR!

Uma atitude adequada tomada em relação a um filho nem sempre é percebida na hora,

e sim pelos resultados que se observam ao longo do tempo. Educar dá trabalho, e os bons frutos, na grande maioria dos casos, são colhidos pelo resto da vida.

Pais têm que ser constantes, isto é, uma vez dito um "não", este deve ser mantido, não ser transformado em "sim". Quem geralmente quebra a disciplina são os pais que não aguentam manter um "não" diante da pressão dos filhos.

"Educar uma criança é também ensiná-la a administrar o seu tempo para cada atividade.

Fazer algo, mesmo de que não goste, ou seja, fazer por obrigação, por dever, é algo que a criança também precisa aprender.

Disciplina não é a obediência cega às regras, como um adestramento, mas um aprendizado ético para se saber fazer o que deve ser feito, independentemente da presença de outros.

A maior liberdade que o ser humano tem é o poder de escolha. A qualquer momento, ele pode escolher o que fará nos próximos passos. O complemento dessa liberdade é a responsabilidade de assumir as consequências de suas escolhas. Portanto, liberdade significa ter responsabilidade consequente. Caso contrário, a liberdade geraria uma confusão tão grande, que ninguém mais teria boa qualidade de vida.

NÃO DEIXE A VIDA SE ESVAIR PELA torneira... ELA PODE FALTAR AOS OUTROS...

A cidadania familiar é a BASE da SAÚDE SOCIAL.

Você, pai ou professor, é o educador, e não pode se esquivar da tarefa de apontar, na medida certa, os limites para que os jovens se desenvolvam bem e consigam situar-se no mundo. A educação deles depende de nós!

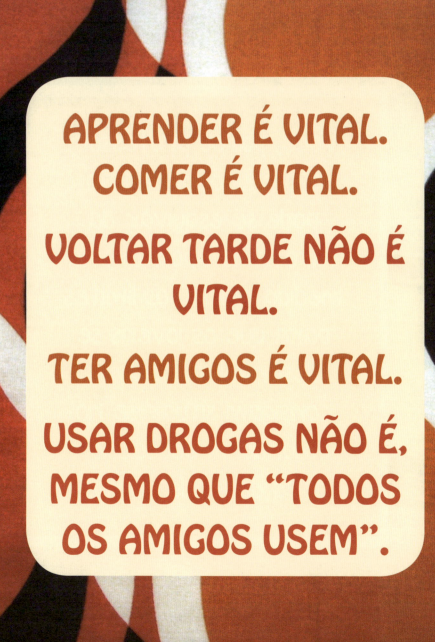

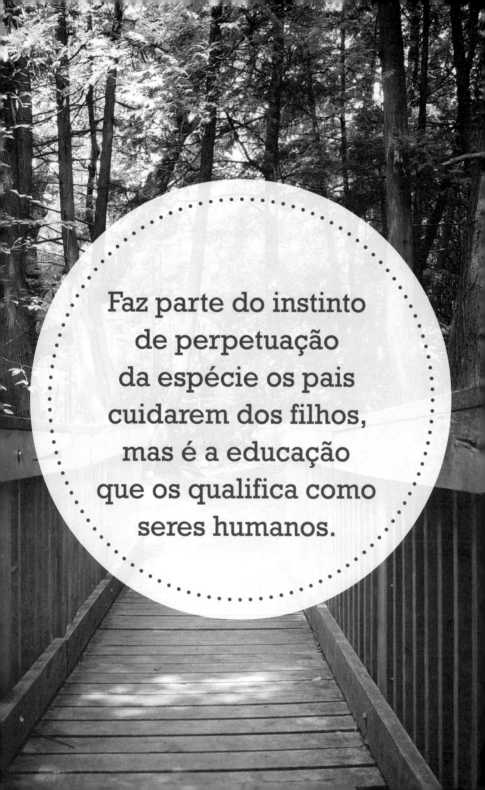

Faz parte do instinto de perpetuação da espécie os pais cuidarem dos filhos, mas é a educação que os qualifica como seres humanos.

Não é o fato de trabalhar fora que prejudica a mulher, a criança e a família. Mas a postura de culpa que ela assume quando volta ao lar. Não é saudável a mãe mal entrar em casa e já correr a atender todo mundo sem se dar direito a um descanso.

É com **COERÊNCIA, CONSTÂNCIA E CONSEQUÊNCIA** que os educadores conseguirão formar **MELHORES CIDADÃOS.**

SAIBA MAIS SOBRE IÇAMI TIBA

Içami Tiba nasceu em Tapiraí SP, em 1941, filho de Yuki Tiba e Kikue Tiba. Formou-se médico pela Faculdade de Medicina da Universidade de São Paulo em 1968 e especializou-se em Psiquiatria no Hospital das Clínicas da USP, onde foi professor assistente por sete anos. Por mais de 15 anos, foi professor de Psicodrama de Adolescentes no Instituto Sedes Sapientiae. Foi o Primeiro Presidente da Federação Brasileira de Psicodrama em 1977-78 e Membro Diretor da Associação Internacional de Psicoterapia de Grupo de 1997 a 2006.

Em 1992, deixou as universidades para se dedicar à Educação Familiar. Continuou atendendo em consultório particular e dedicou-se inteiramente para que seus conhecimentos chegassem às famílias – levando uma vela acesa na escuridão da Educação Familiar. Para tanto, escreveu livros, atendeu a todas as entrevistas solicitadas, fosse qual fosse o meio de comunicação, e dedicou-se a palestras para multiplicadores educacionais.

Em 2002, lançou o seu 14º livro: Quem Ama, Educa! – que foi a obra mais vendida do ano, e também no ano seguinte, bem como 6º livro mais vendido segundo a revista VEJA. E continua um long seller. No total, seus livros chegam, já, a 4 milhões de exemplares vendidos.

Em 2004, o Conselho Federal de Psicologia pesquisou através do Ibope qual o maior profissional de referência e admiração.

Doutor Içami Tiba foi o primeiro entre os brasileiros e o terceiro entre os internacionais, precedido apenas por Sigmund Freud e Gustav Jung (pesquisa publicada pelo Psi Jornal de Psicologia, CRP SP, número 141, jul./set. 2004).

Por 10 anos, manteve semanalmente no ar o seu programa "Quem Ama, Educa!", na Rede Vida de Televisão. Manteve-se, também, colunista da Revista Mensal VIVA SA, escrevendo sobre Educação Familiar. Foi capa dessa mesma revista em setembro de 2004, janeiro de 2012 e abril de 2014.

Como Psiquiatra, Psicoterapeuta e Psicodramatista atendeu mais de 80 mil adolescentes e seus familiares. Como palestrante, ministrou mais de 3.580 palestras nacionais e internacionais para escolas, empresas e Secretarias de Educação. Foi, por nove anos, curador das palestras do CEO'S Family Workshop, realizado por João Doria Jr., presidente do LIDE, Grupo de Líderes Empresariais.

Içami Tiba foi considerado por variados públicos um dos melhores palestrantes do Brasil.

BIBLIOGRAFIA

Tiba, Içami. *Educação Familiar:* Presente e Futuro. São Paulo: Integrare, 2014.

_____. *Adolescentes: Quem Ama, Educa!.* São Paulo: Integrare, 2010.

_____. *Disciplina: Limite na Medida Certa:* novos paradigmas. São Paulo: Integrare, 2006.

_____. *Família de Alta Performance:* conceitos contemporâneos de educação. São Paulo: Integrare, 2009.

_____. *Homem Cobra, Mulher Polvo:* divirta-se com as diferencas e seja muito mais feliz. São Paulo: Integrare, 2010.

_____. *Juventude e Drogas: Anjos Caídos:* para pais e educadores. São Paulo: Integrare, 2007.

_____. *Pais e Educadores de Alta Performance.* São Paulo: Integrare Editora, 2011.

_____. *Puberdade e Adolescência:* desenvolvimento biopsicossocial. São Paulo: Editora Agora, 1986. (esgotado)

_____. *Quem Ama, Educa! Formando Cidadãos Éticos.* São Paulo: Integrare, 2007.

_____. *Saiba Mais sobre Maconha e Jovens.* São Paulo: Agora, 1989. (esgotado)

CRÉDITOS DAS IMAGENS

págs 17, 38, 39, 68, 69, 75, 82, 83, 114, 115, 124, 125: FreeImages.com/MaX Triet. | págs 18, 19: FreeImages.com/maladie. | pág 20: FreeImages.com/frank van den hurk. | págs 24, 25: FreeImages.com/Marija *. | pág 29: FreeImages.com/Samuel Alves Rosa. | págs 30, 31: FreeImages.com/Guillermo Guerrero. | pág 32: FreeImages.com/Franci Strümpfer. | pág 34: FreeImages.com/Graeme Rainsbury. | pág 36: FreeImages.com/E_B_A _. | pág 40: FreeImages.com/Edouard Diver. | págs 42, 76, 97: FreeImages.com/Lyris Godoy. | pág 47: FreeImages.com/Alfred Borchard. | págs 48, 55, 85, 120, 132: FreeImages.com/Hervé de Brabandère. | págs 48, 55, 85, 120, 132: FreeImages.com/melodi2. | págs 50,51: FreeImages.com/dim dum. | pág 53: FreeImages.com/Felipe Foitinho. | págs 56,84,109,135: FreeImages.com/FSG777. | pág 62: FreeImages.com/melcogan. | págs 64,65: FreeImages.com/Sarah Williams. | págs 67,72,73, 126, 130: FreeImages.com/dim dum. | pág 70: FreeImages.com/sundeip arora. | pág 74: FreeImages.com/skygold-m. | pág 77: FreeImages.com/Chris Boulanger. | págs 78, 79: FreeImages.com/ShadowRave. | pág 80: FreeImages.com/Andreas Schmidt. págs 86, 87: FreeImages.com/Sven Rohloff. | págs 90, 91: FreeImages.com/Sorin Luca. | pág 92: FreeImages.com/Paulo Oliveira Santos. | págs 98, 99: FreeImages.com/Victor Schmidlin. | pág 101: FreeImages.com/igorsag. | pág 112: FreeImages.com/trapez. | pág 117: FreeImages.com/Ali Farid. | págs 118, 119: FreeImages.com/Sorin Luca. | pág 121: FreeImages.com/ktahaziz. | págs 128, 129: FreeImages.com/Clint Rankin. | pág 131: FreeImages.com/Rick Hawkins. | pág 136: FreeImages.com/Petria Follett. | pág 137: FreeImages.com/Cory Cole.

CONHEÇA AS NOSSAS MÍDIAS

www.facebook.com/integrare
www.instagram.com/integrareeditora
www.integraeeditora.com.br/blog
www.twitter.com/integrare_edit

www.integraeeditora.com.br